Für meinen unglaublichen Puffy zu Hause!

Dieses Buch ist ein fiktives Werk. Die Namen, Figuren und Orte sind aus der Fantasie der Autorin entstanden, wobei alles, was dem realen Leben entspringt, fiktiv beschrieben wurde.

Meeresmärchen:
Der Fisch, der mit den Sternen tanzen wollte
Der Fisch und der Unterwasservogel
Der Fisch und sein aufgeblasenes Temperament

Für Copyright-Berechtigungen, Schulbesuche und Signierstunden schreiben Sie bitte eine Mail an: barbara@barbarapinke.com

Erste englischsprachige Ausgabe 2024
Erste deutschsprachige Ausgabe 2024
ISBN 978-3-949736-46-9 (Taschenbuch)
ISBN 978-3-949736-47-6 (E-book)

Geschrieben von Barbara Pinke
Illustriert von Alvin Adhi
Übersetzt von Orkidea Qordukaj
Entworfen von Gábor Dinya

barbarapinke.com

Der Fisch und sein aufgeblasenes Temperament

Geschrieben von
Barbara Pinke

Illustriert von
Alvin Adhi

Es war ein besonderer Tag für Puffy.
Er hatte sich entschlossen, nicht mehr wütend
auf die anderen Fische zu werden
und hoffte, Freunde zu finden.

Er eilte aufgeregt zur Korallenrutsche auf dem Spielplatz, aber ... es gab eine Warteschlange! Puffy blies sich auf und schrie wütend: „Warum muss ich warten?"

Die anderen Fische schwammen verängstigt davon. Puffy rutschte die Rutsche hinunter. Das fühlte sich alleine nicht so gut an. Ein Seepferdchen beobachtete ihn dabei und schwamm langsam herüber.

„Hallo, ich bin Seassy. Wer bist du?"

„Lass mich alleine!", grummelte Puffy
und schwamm weg.

Aber Seassy gab nicht auf.
Sie sah zu, wie sich der ballähnliche Fisch beruhigte.
Als Puffy wieder zu seiner Originalgröße
geschrumpft war, schwamm sie zu ihm.

„Kann ich mich zu dir setzen?"

„Warum?", fragte Puffy überrascht.

„Was ist passiert?", fragte Seassy.

„Das passiert immer, wenn ich wütend bin.
Ich verliere meine Geduld, werde zu
einem Ball und alle schwimmen weg."

„Warum wirst du wütend?"

„Weil Sachen passieren,
die ich nicht mag."

„Kannst du versuchen, dich nicht von diesen
Sachen verärgern zu lassen?"

„Es klappt nie."

„Wie ist dein Name?", lächelte das Seepferdchen.

„Puffy", flüsterte er schüchtern,
während er zu Seassy blickte.

„Puffy, die anderen Fische schwimmen weg, weil sie Angst vor deiner Wut haben."

„Ich weiß, aber wie kontrolliere ich sie? Ich will Freunde haben, aber ich werde so schnell wütend!"

„Ich helfe dir!", verkündete Seassy. „Lass uns Frau Weißhai besuchen."

Puffy war dankbar. Noch nie hatte jemand versucht, ihm in dieser Sache zu helfen.

Als sie bei Frau Weißhai ankamen, war sie dabei, die Pflanzen neben ihrem Haus zu betrachten und sie auf eine Leinwand zu malen. Winzige Fische spielten mit den Blättern.

„Hallo Frau Weißhai. Die sind ja wunderschön!", rief Seassy aus.

„Dankeschön", sagte der Hai.
„Oh, geht weg, ihr unverschämten Fische.
Findet euer Mittagessen woanders!"

Sie lächelte, während sie die Fische verscheuchte.

„Wie können Sie so geduldig sein, wenn
diese Fische Sie dabei stören, Ihr Bild zu malen?",
fragte Seassy.

Puffy hob bei der Frage den Kopf.

„Ich höre auf meine Gefühle. Wenn ich Anzeichen von Wut merke, versuche ich mich zu beruhigen, damit ich nicht wütend werde", erklärte Frau Weißhai.

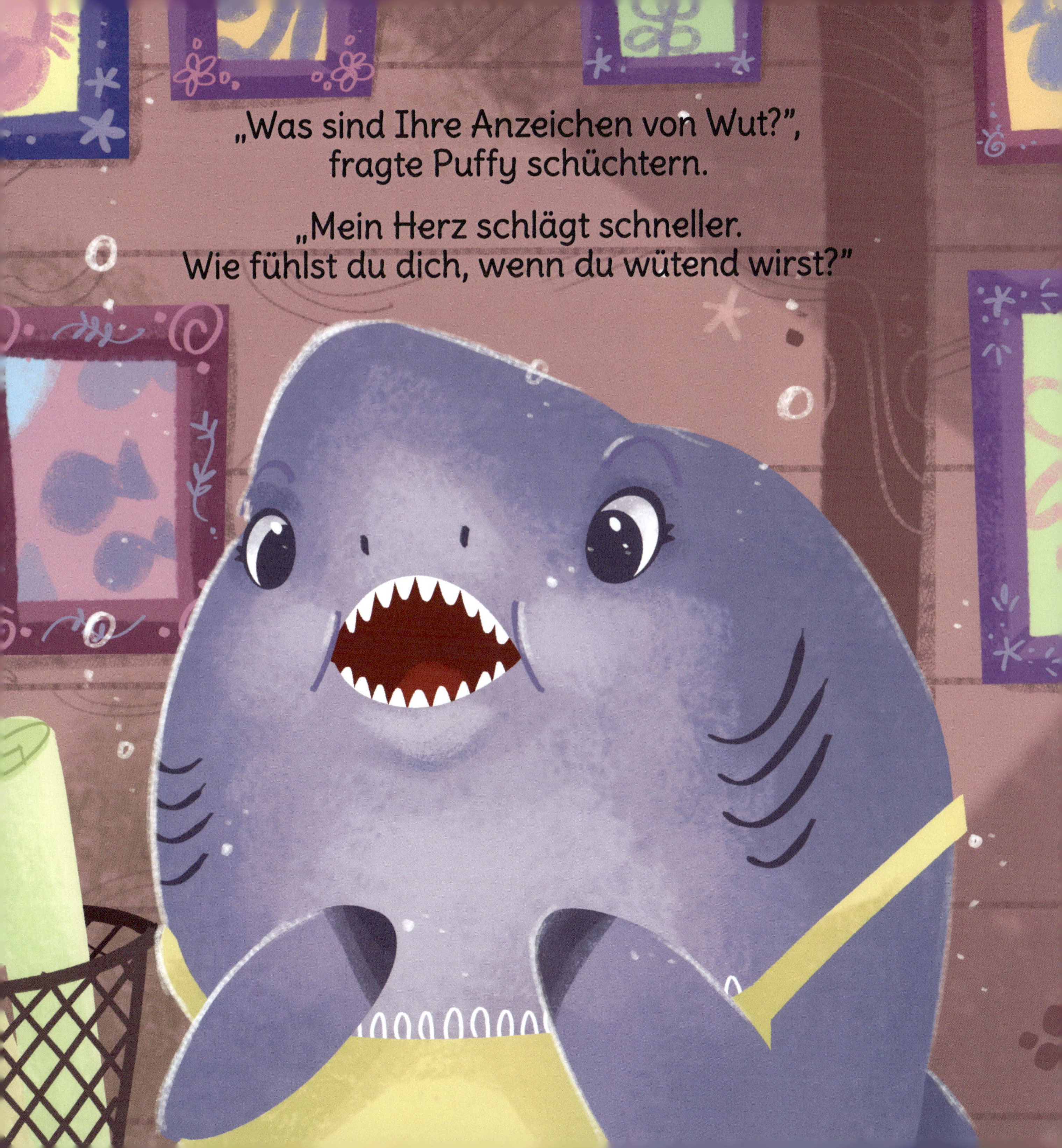
„Was sind Ihre Anzeichen von Wut?",
fragte Puffy schüchtern.
„Mein Herz schlägt schneller.
Wie fühlst du dich, wenn du wütend wirst?"

„Ich weiß es nicht!“, Puffy zuckte mit den Flossen.

„Denk darüber nach“, der Hai schaute den Fisch eindrücklich an.

„Ich weiß es nicht!“, schrie Puffy und machte dann eine Pause. „Oh, gerade bin ich wütend. Mein Herz schlägt schnell, mir ist warm und ich atme schneller.“

Frau Weißhai lächelte.

„Nächstes Mal, wenn du diese Anzeichen erkennst, kannst du dich loben. Allein sie zu bemerken, kann dir helfen, deine Wut nicht so groß werden zu lassen."

„Ich werde mich daran erinnern. Danke."

Seassy und Puffy kehrten zum Spielplatz zurück.
Aber die anderen Fische wollten immer noch nicht mit
Puffy spielen. Und dieser blies sich gleich auf.

„Du hast vergessen, über deine Gefühle nachzudenken", erinnerte Seassy ihn.

„Lass uns meinen Onkel besuchen und sehen, ob er dir helfen kann. Er hat viele Baby-Seepferdchen! Dort herrscht mit Sicherheit Chaos!"

Puffy mochte die Idee und beruhigte sich wieder.

Sie hörten, wie die Familie zu Hause ankam.
Der Ozean war gefüllt mit dem Gelächter der kleinen Seepferdchen, aber dann gab es einen KNALL!

„Genug! Alle raus!", schrie
Onkel Whinny, das Seepferdchen.

Dreißig kleine Seepferdchen schwammen
lachend und scherzend nach draußen.

„Hallo Onkel!", begrüßte Seassy ihn. „Ist alles okay?"

Onkel Whinny erschien am Eingang seines Hauses.

„Hi Seassy! Mir geht's gut. Diese Rabauken sind herumgesprungen und haben dabei mein Lieblingsglas zerbrochen", sagte der Onkel mit einem traurigen Lächeln.

Dann hellte sich sein Gesicht wieder auf. „Ich bin so froh, dich zu sehen. Wer ist denn dein Freund?"

Puffy errötete.

„Das ist Puffy. Wir haben uns auf dem Spielplatz getroffen", stellte Seassy Puffy vor.

„Schön Sie kennenzulernen, Onkel Whinny. Ihre kleinen Seepferdchen sind so niedlich!", winkte Puffy.

„Oh, ja, ich liebe diese kleinen Unruhestifter."

Puffy war überrascht. Er hatte Beschwerden erwartet, doch er sah nur Glückseligkeit auf Onkel Whinnys Gesicht.

„Wie können Sie so ruhig bleiben, wenn sie Ihr Lieblingsglas zerbrochen haben?", fragte Puffy.

„Ich zähle langsam bis zehn. Es hilft mir, meine Wut loszulassen", erklärte der Seepferdchen-Papa.

„Interessant", sagte Seassy. „Wir gehen jetzt spielen! Tschüss Onkel!"

Die zwei Freunde schwammen zurück zum Spielplatz.
Einige Fische spielten mit einem Frisbee.

„Können wir mitmachen?", fragte Seassy.

Es lief gut. Alle hatten Spaß. Aber dann ... konnte
Puffy das Frisbee nicht fangen!

„Warum hast du es so hart geworfen?",
schrie er mit rotem Gesicht und blies sich auf.

Die anderen waren so verängstigt,
dass sie schneller denn je wegschwammen.

„Du hast weder über deine Gefühle nachgedacht, noch bis zehn gezählt", erinnerte Seassy ihn. Sie hatte eine andere Idee: „Hm, lass uns Herrn Zehnfuß besuchen."

Sie fanden den Krebs mit geschlossenen Augen in seinem Garten sitzend und tief einatmend.

„Hallo Herr Zehnfuß! Geht es Ihnen gut?", fragte Puffy.

Lächelnd öffnete er seine Augen. „Oh ja, Puffy. Ich musste mich nur nach einem Streit beruhigen."

„Wie machen Sie das?"

„Wenn ich wütend bin, schließe ich meine Augen und nehme tiefe Atemzüge."

„Jetzt habe ich drei Lösungswerkzeuge!
Ich muss es jetzt schaffen!",
dachte Puffy aufgeregt.

Als sie zurück am Spielplatz waren, wollte Puffy rutschen, aber die Warteschlange war wieder zu lang! Wütend blies sich Puffy auf, sodass jeder davoneilte, bevor er Zeit hatte zu schreien.

Traurig floh Puffy nach Hause.

Mama Fisch fand ihn in seinem Zimmer, wo er in die Sterne blickte.

„Was stimmt nicht, Puffy?"

„Ich habe versucht, nicht wütend zu werden, aber ich habe mich trotzdem aufgeblasen! Niemand will mit mir spielen."

„Ich werde auch wütend. Es ist normal, dieses Gefühl zu haben. Aber es ist wichtig, zu lernen, wie man damit umgeht." Mama Fisch versuchte ihn zu beschwichtigen.

Sie erzählte ihm, wie sie sich aufblies und wie sie mit Wut umging. „Es braucht Übung, aber du kannst das schaffen."

„Ich habe drei neue Wege gelernt, um meine Wut zu kontrollieren, aber sie funktionieren nicht."

„Welche drei Wege sind das?", fragte Mama Fisch.

„Erstens, meine Anzeichen von Wut bemerken.

Zweitens, langsam bis zehn zählen.

Drittens, tiefe Atemzüge nehmen.“

„Das scheinen tolle Wege zu sein. Du musst dich nur daran erinnern, sie auch zu benutzen. Hier, mach dieses Bändchen an deine Flosse.

Wenn du dabei bist, dich aufzublasen, schnipse daran und denk an deine drei Schritte. Das wird dir helfen, deine Wut zu bewältigen. So habe ich es auch geschafft."

Plötzlich fühlte sich Puffy selbstbewusst.

„Wenn Mama das schafft, dann kann ich es auch!“

Am nächsten Morgen schwamm er so schnell zum Spielplatz, dass sich Blubberblasen um seine Flosse bildeten.

Seassy zuwinkend ging er zur Rutsche und wartete bis er dran war.

Später hörte Puffy den Eiswagen.
Aber als er ihn endlich fand, war
das ganze Eis schon weg.

Oh nein! Die anderen Fische
schwammen schon verängstigt davon.

Puffy fühlte die Wut in seinem Körper.

Er bemerkte das Band um seine Flosse, schnippte es – wie Mama Fisch es vorgeschlagen hatte – und erinnerte sich an seine drei Schritte!

Schritt 1:

Mein Herz schlägt schneller, mir ist ganz heiß und ich atme schneller.

Er erkannte seine Anzeichen von Wut, aber die Wut wurde trotzdem größer.

Schritt 2:

1, 2, 3...

Puffy zählte langsam, aber sein Körper war trotzdem voller Wut.

Tiefe Atemzüge.
Der kleine Fisch fokussierte sich auf seine Atmung.

Er fühlte, wie sich sein Körper entspannte. Er blies sich nicht auf! Seine Wut war weg!

Puffy hatte es geschafft!

Die anderen Fische kehrten neugierig zurück.

„Ich hole mir das nächste Mal ein Eis", lächelte Puffy zu den anderen Fischen.

Sie lächelten überrascht und auch erleichtert zurück.

„Ich könnte mein Eis mit dir teilen, wenn du möchtest", sagte ein Kaiserfisch.

„Danke“, sagte Puffy.

„Du hast es geschafft!
Ich bin so stolz auf dich!“,
rief Seassy und gab ihm ein Eis.
„Ich habe eins für dich
aufbewahrt, nur für alle Fälle!“

„Danke dafür, dass du mir geholfen hast und meine Freundin bist", grinste er.

Puffy war glücklich. Er hatte gelernt, sein Temperament zu zügeln. Er hatte jetzt Freunde und würde nicht mehr alleine auf dem Spielplatz spielen.

ÜBER DEN ILLUSTRATOR

Alvin Adhi ist ein Illustrator, der die Natur sehr liebt. Er liebt es, lebendige Sachen mit jeder Emotion zu zeichnen, die sich in ihnen befindet.

Alvin liebt Unterwassergeschöpfe und beschreibt sie wie „als würde man in eine magische Dimension eintauchen, wenn man sie sich nur vorstellt". Neben dem Zeichnen gärtnert er gerne und kümmert sich um Fische. Er hofft, euch durch seine Zeichnungen ein Lächeln ins Gesicht zaubern zu können.

Email: alvintheillustrator@gmail.com
Facebook: @alvinadhi
Instagram: @alvin_adhi

ÜBER DIE AUTORIN

Die preisgekrönte Autorin Barbara Pinke liebt es, Geschichten zu erschaffen und sie mit Abenteuer und Spaß zu würzen, vor allem, wenn sie beinhalten, neue Orte zu entdecken.

Barbara wurde in Ungarn geboren und großgezogen und lebt zurzeit mit ihrer Familie in Deutschland.

Webseite: barbarapinke.com
Email: barbara@barbarapinke.com
Facebook und Instagram: @barbarapinke.author

IN KONTAKT BLEIBEN

Scanne diesen QR-Code, um auf barbarapinke.com zu gelangen, wo du mehr Informationen über andere Abenteuer finden kannst, sowie einen speziellen Bereich: die FunZone. Hol dir deine Geschenke: Labyrinthe, Suchsel, Malbücher und vieles mehr.

Ich hoffe, du genießt meine Geschichte. Dein Feedback ist mir sehr wichtig und ich würde mich freuen, deine Gedanken über meine Werke zu hören. Falls du einen Moment Zeit hast, denk bitte darüber nach, eine Bewertung zu hinterlassen. Diese wird nicht nur mir helfen, meinen Inhalt zu verbessern, sondern auch anderen, die auf der Suche nach ähnlichen Informationen sind.

Vielen Dank im Voraus für deine Zeit und deine Unterstützung!

barbarapinke.com

barbara@barbarapinke.com

@barbarapinke.author

@barbarapinkeauthor

Du kannst mir auch auf BookBub und Goodreads folgen.

WEITERE BÜCHER VON BARBARA PINKE AUF DEUTSCH

HILF PUFFY DABEI,
SEINE FREUNDE ZU FINDEN

Printed in Poland
by Amazon Fulfillment
Poland Sp. z o.o., Wrocław

36524603R00031